Overseas Collections of Chinese Treasures

海外珍藏中华瑰宝

本丛书收录了2000件世界著名博物馆珍藏的中华瑰宝图片，其中不乏孤品、精品、罕见之品，它们展现了华夏五千年璀璨的文明，谱写着中国工艺美术辉煌的历史。

Monochrome Ware

颜色釉瓷

张怀林 / 主编

林 瀚 / 著

北京工艺美术出版社

图书在版编目（CIP）数据

颜色釉瓷／林瀚著.－北京：北京工艺美术出版社，2011.1
（海外珍藏中华瑰宝）
ISBN 978-7-80526-890-3

Ⅰ.①颜... Ⅱ.①林... Ⅲ.①釉上彩－瓷器（考古）－
研究－中国 Ⅳ.①K876.34

中国版本图书馆CIP数据核字（2009）第231122号

责任编辑：陈高潮
英文翻译：张　绘
法文翻译：Brian Nichols
封面设计：符　赋
版式设计：大达设计公司
责任印制：宋朝晖

颜色釉瓷

林瀚　著

出版发行	北京工艺美术出版社
地　　址	北京市东城区和平里七区16号
邮　　编	100013
电　　话	（010）84255105（总编室）
	（010）64283627（编辑室）
	（010）64283671（发行部）
传　　真	（010）64280045/84255105
网　　址	www.gmcbs.cn
经　　销	全国新华书店
制　　版	北京杰诚雅创文化传播有限公司
印　　刷	北京顺诚彩色印刷有限公司
开　　本	700毫米×1000毫米　1/16
印　　张	8
版　　次	2011年1月第1版
印　　次	2011年1月第1次印刷
印　　数	1～3000
书　　号	ISBN 978-7-80526-890-3/J·790
定　　价	48.00元

博物馆简介

大英博物馆
British Museum
位于伦敦大罗素广场，1753 年建立，是世界上建立最早、规模最大的博物馆。共有 100 多个陈列室，面积 7 万平方米，藏品 600 万件，其中中国的历代稀世珍宝达 2 万多件。

大卫中国艺术基金会
Percival David Foundation of Chinese Art
斐·大卫爵士将自己收藏的 1700 多件中国艺术珍品捐献给伦敦大学，伦敦大学遂设置了"大卫基金会"，并于 1952 年正式对外开放。2009 年 4 月起，全部藏品移至大英博物馆第 95 号展厅。

维多利亚和阿尔伯特（V&A）博物馆
Victoria and Albert Museum
位于伦敦，1852 年建立，是世界上最大的装饰艺术及设计博物馆，展品 450 万件，并设有中国艺术品专馆。1899 年为了纪念维多利亚女王和她的丈夫阿尔伯特改名至今。

吉美国立亚洲艺术博物馆
Musée national des Arts asiatiques Guimet
位于巴黎第 16 区。1889 年，由里昂工业家吉美先生创立。1927 年，并入法国国家博物馆总部。1945 年，接受卢浮宫移来的亚洲艺术展品，因而成为首屈一指的亚洲艺术博物馆。

赛努奇博物馆
Musée Cernuschi
设于法国巴黎蒙梭公园旁的亨利·赛努奇古宅内。1898 年创建，是欧洲五大亚洲艺术博物馆之一。该馆以陈列亨利·赛努奇长期环球航海旅游所搜集的亚洲艺术品为主，共有艺术珍品 12000 件。

西班牙国家装饰艺术博物馆
Museo Nacional de Artes Decorativas
位于马德里蒙塔班街 12 号，建于 1851 年，欧洲著名装饰艺术博物馆之一。以收藏文艺复兴、巴洛克、洛可可及 19 世纪各国家具和装饰工艺品为主，藏品 90000 件。

前 言

张怀林

中国工艺美术是华夏文明熠熠闪光的瑰宝，是我国广大人民劳动与智慧的结晶，它见证了中华五千年光辉而曲折的发展历程，铭刻着数不尽的文化和科技信息。

目前，有相当数量的中华瑰宝正静静地躺在世界各大博物馆的展柜里，向来自地球各方的参观者默默地讲述着：在遥远的东方，有一个伟大而古老的中华民族，这个民族有着多么光辉而灿烂的历史和文明!

这些中华瑰宝，有些是陆地和海上两条丝绸之路上的经济贸易"使者"，也有些是在积贫积弱的那段历史时期下无知和屈辱的牺牲品。

说它们宝贵，并不在于拍卖会上拍出的天价，而在于它们的唯一性和不可再生性。这里有存世唯一的一对元代纪年款的至正青花象耳大瓶，有国内绝迹的明洪武款青花器，有近几年才听说的克拉克瓷和难得一见的五彩缤纷的外销瓷；还有一些在国内只有几件最多几十件的洒蓝碗、暗花枢府釉器、霁蓝龙纹梅瓶、宣德釉下三鱼纹高脚杯、永乐压手杯、德化何朝宗最精彩的关公和观音、汝窑器、官窑器……

当我在异国他乡，徜徉于这些出自本民族之手而自己却十分陌生的国之瑰宝面前时，出于一个出版工作者的本能和责任感，陶醉与感叹之余，我的第一个念头就是把它们装在书里带回去，与我们的同胞分享。

面对这一件件精美而久违了的宝器倩影，你可以在茶余饭后沉醉陶冶，可以追思华夏五千年沧桑沉浮，可以引领你步入收藏世界的大门并帮助你积累鉴赏古玩的常识，可以比对你的收藏品雌雄真伪，可以为你的论著寻找佐证或修正你的相关学术论点，也可以重新找回曾经中断了的那一段段工艺美术的历史……

目 录

 **颜色釉瓷**

　　最早的瓷器诞生于远古的商代，是从釉陶进化而来的，因此，瓷器从一出现就被晶莹玉润的釉面包裹着。这层釉面既是对瓷器的保护，也是一种十分漂亮的装饰。这种让瓷器感到"骄傲"的釉面，就这么以单一的色彩形式延续了两千多年，人们只可在胎体上刻、划、印、堆、塑制各种纹饰，但决不可在釉面上添加任何别的色彩。按照现在釉瓷的分类，那个年代的瓷器也应该叫做"单色瓷"或"颜色釉瓷"。不过一开始只有青瓷一个品种而已。东汉以后，先后有了白瓷、黑瓷、褐瓷、绿瓷等素色瓷。唐代虽然有湖南铜官窑和四川邛窑等民窑烧制彩绘瓷，由于瓷和绘的质量都较低下，因此，没有产生足够的影响。直到宋代磁州窑白釉黑花瓷的出现，以及元代景德镇窑青花、釉里红的烧造，瓷器唯以单色为美的传统定式开始被打破，人们的审美视野也逐渐开阔。到了明代，人们在陶醉于传承千年素洁清逸的青瓷、白瓷以及古朴淡雅的青花新宠的同时，又把审美的触角向两极延伸：一方面让彩绘瓷的颜色丰富再丰富，从一色的黑花、青花、釉里红，增加为双色红绿彩，再增加为素三彩、五彩、珐琅彩、粉彩；另一方面，却让釉瓷向单色回归，开辟新的单色瓷品种。这个时期，釉料配制和烧造技术已经有了较大的提高，不仅烧出了过去从来没有过的颜色釉瓷新品种，历史上曾出现过的釉瓷，在釉色品质上也有了较大的提升。

　　颜色釉瓷大致可以分为以下几个大类：青釉瓷、白釉瓷、黄釉瓷、红釉瓷、蓝釉瓷、绿釉瓷、黑褐釉瓷、杂色釉瓷、结晶釉瓷、窑变釉瓷等，每种釉瓷又有许多小的品种，在分类介绍时，我们会详细叙述。在这几个

大类中，像青釉瓷、白釉瓷，因其烧造历史悠久又自成体系，我们分别在
《青瓷》《白瓷》两册中单独介绍；"钧瓷"虽属窑变釉瓷，但它起源于青瓷，
在后期的窑变色中，也是以青色为基色，所以，我们也将其放在了《青瓷》
一书中。其他几种颜色釉瓷，就是本书的介绍重点。

一、黄釉瓷

1. 各领风骚的明清黄釉瓷

黄釉瓷是明代永乐年间创烧成功的。但是，黄釉的历史却可以追溯得
十分久远。早在商代时就有一种施在陶器上的黄色釉，釉色十分灰暗，而
且有褐色倾向；在唐代，黄釉是三彩釉陶上的主角，同时在寿州窑、邛窑
等一些地方窑口还曾有黄釉瓷出现。不过那时釉陶、瓷器上的黄釉颜色都
很不纯正。明永乐黄釉与之前历代黄釉相比是不可同日而语的，它明亮鲜
沉、高贵不凡，那是真正意义上的黄釉。也正是这种非凡的气质，使得黄
釉瓷出生不久即远离尘世，被深锁于皇宫高墙之内，成为宫廷御用之物。
明代朝廷对黄釉瓷的垄断程度令人难以想象，他们让百姓宁可使用金彩瓷，
也不可以拥有黄釉瓷。即使在宫廷内部，黄釉瓷也不可以随便乱用。明代
皇宫中，皇帝、皇太后、皇后用的是里外都施黄釉的瓷器；皇贵妃用的则
是内壁为白釉，外壁为黄釉的瓷器；贵妃用的是黄釉绿龙或黄地绿龙瓷器，
而嫔妃用蓝地黄龙瓷器；贵人及其他宫中人员则不可以用黄釉器。清代对
黄色更是钟爱有加，皇帝的龙袍、皇冠，宫廷的装饰也都非金即黄，黄釉
瓷自然也成了宫廷专用品。不仅成器，甚至连烧坏的残次品也不许留在民
间。景德镇御窑督陶官唐英在给朝廷的奏折中曾提到瓷器次品处理问题：
"落选之次色内有黄器，并五爪龙等件，民间未便使用。"乾隆皇帝批复
说：有五爪龙的残次品在地方上处理就算了，黄釉瓷的残次品一定要拿回
宫中销毁。《元史·舆服志》中曾有规定："双角五爪龙纹臣庶不得使用。"

从元代起，五爪龙就是宫廷专用纹饰，乾隆帝对五爪龙器都可以放过一马，但对黄釉瓷控制丝毫也不放松，黄釉瓷在宫中地位由此可见一斑。

由于是专门为宫廷制作，黄釉瓷从制胎、上釉一直到烧造，所有工序都非常严格认真，稍有瑕疵即刻报废销毁，因此，留下来的件件都是精品。可惜的是，因为当时烧造数量太少，加之深藏宫中，所以黄釉瓷流传下来的不多，尤其明永乐、宣德年间的黄釉瓷更为罕见。本书所收的几件永宣时期的黄釉瓷器应当是弥足珍贵的宝物了（图1、图2）。

明永乐黄釉颜色淡，釉面薄；宣德黄釉釉面肥厚，釉色娇嫩，施釉到底，多有橘皮纹。其后几朝，在黄釉瓷上基本没有什么大的作为。

明中期弘治、正德、嘉靖三朝是明代黄釉瓷最辉煌的时期，特别是弘治年间，黄釉器胎体洁白，质坚壁薄，釉色娇艳、细腻滋润。由于施釉法是将釉汁浇在瓷胎上的，所以称为"浇黄"釉；又因为它的釉色娇嫩滋润，光亮如鸡油，又称为"娇黄"或"鸡油黄"。弘治的娇黄釉是明代最出色的黄釉瓷，一直被后代长期仿造。

明代黄釉瓷摆件甚少，多为使用器，部分用作祭祀。因此，明代传世的黄釉瓷中常见使用过的痕迹。

清代黄釉瓷和其他瓷器一样，最好的时期在康、雍、乾三朝。

康熙时期黄釉瓷主要以仿明宣德和弘治为主，尤其仿明弘治娇黄瓷为最多。总体来看，仿弘治娇黄釉还是比较像的，只是不如弘治朝釉色深；器型种类比明代要多，差不多康熙朝创烧的新品种在黄釉瓷中基本都有出现。

雍正一朝是黄釉瓷烧制质量最好，艺术水平也最高的时期。不仅造型完美，做工精细，胎薄质细，器型规整，有十足的皇家气派，而且不断有新釉色创烧出来，如蛋黄、蜜蜡黄、柠檬黄等，让人耳目一新。

乾隆时期的黄釉瓷与彩绘结合较多，素面无纹器较少。

乾隆之后各朝的瓷器如同其国力和皇权一样逐渐走向衰落，黄釉瓷自然也不例外，在此我们就暂且不谈了。

2. 素面无纹黄釉瓷

单色瓷最能展现其釉色本质的是素面无纹器。没有任何刻画，没有任何其他色彩的点缀，通体一色，光洁明亮，看了会让人心情豁然开朗，倍感兴奋。尤其是黄釉瓷，更有一种金色灿烂、宝光熠熠的高贵感。

黄釉 盘

明 永乐
大卫基金会藏

■ 这只盘子是存世最早的新黄釉瓷之一，甚为罕见。永乐和宣德皇帝对瓷器制作的要求，既要延续传统，又要不断创新。黄釉瓷就是在这种思想指导下创烧出来的。这两朝皇帝订制单色釉瓷主要用于宗教仪式。

黄釉 描金 大盘

2　明 永乐－宣德
大卫基金会藏

■ 从明到清，黄釉成为宫廷专用瓷长达500年之久。这种釉是以铁为呈色剂低温烧制而成。这只盘子的非同寻常之处还在于盘沿的描金。描金在明代早期瓷器里非常罕见，只少量用在一些永乐白瓷上。

黄釉 盘

3　明 弘治
吉美博物馆藏

■ 弘治年间的娇黄釉是黄釉瓷中的佼佼者，该盘收藏价值极高。
■ 底有"大明弘治年制"款。弘治官窑器的款识都为青花六字两排双圈楷书款。

海外珍藏中华瑰宝

黄釉 碗

4 明 正德
V&A 博物馆藏

皇帝黄釉 杯

5 明 嘉靖
大英博物馆藏

■ 黄釉瓷烧制分高温、低温
两种。前者先在胎体上施
黄釉，入炉高温一次烧成；
后者是高温先烧成白釉或
素胎，然后施黄釉再低温
烧制。

■ 底有"大明嘉靖年制"款。

黄釉 高脚碗

6 明－清
大卫基金会藏 ■ 高脚碗器型始创于元代，蒙古人握住足管，可以骑在马上饮酒。

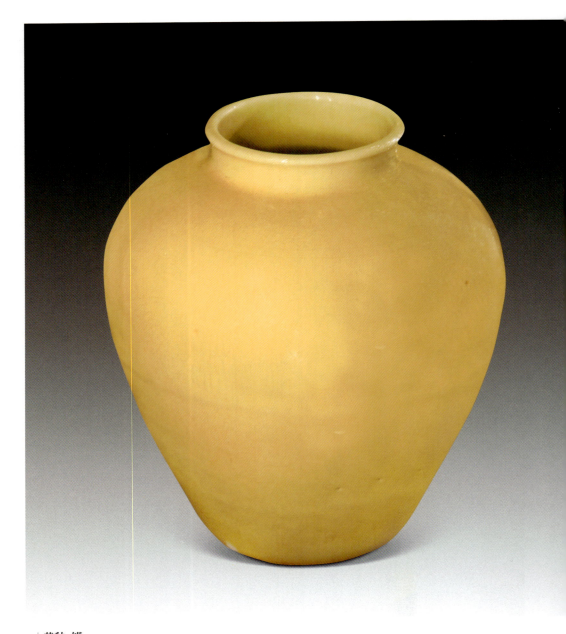

黄釉 罐

7 明－清
大卫基金会藏

黄釉 菊瓣盘

8

清 雍正（公元 1733）
大卫基金会藏

■ 雍正十一年（公元
1733），皇帝下令制作
12 种不同颜色的菊花
形盘，反映了当时对
烧造不同釉彩的尝试。
该盘是其中一种。

柠檬黄釉 杯与杯托（一对之一）

9

清 雍正 – 乾隆
大卫基金会藏

■ 雍正年间随珐琅彩从国外引进一种锑黄釉，器物烧成后呈柠檬
黄色，釉色稚嫩、淡雅、宁静、柔和，是清代黄釉瓷中最具代表
性的品种。目前存世极少，连北京故宫博物院也没有几只。

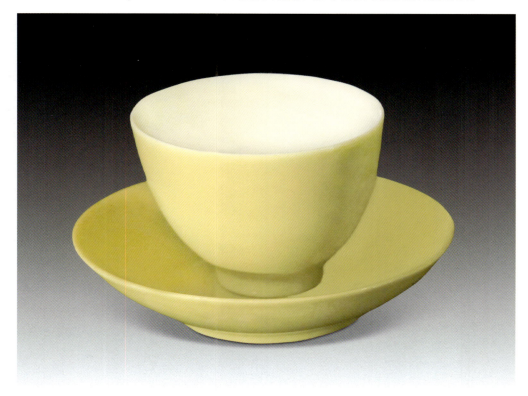

柠檬黄釉 杯托（一对之一）

10 清 雍正 – 乾隆
大卫基金会藏

米黄釉 折腰碗

11 清 乾隆
大卫基金会藏

■ 这种 S 形曲线折腰造型和釉色很特别的碗最早制于雍正年间。欧洲人称这种米黄釉为"牛奶咖啡釉"。

■ 底有乾隆年号款。

3. 刻、印、划花纹黄釉瓷

　　景德镇窑最初是以白瓷闻名于世的，其师承宋代五大名窑之一的定窑。定窑除了有优秀的胎质和釉色以外，最拿手的是其精妙绝伦的刻花、划花、印花技术。当年景德镇窑亦步亦趋，把定窑的绝活悉数收于囊中，不仅运用于白瓷制作，在黄釉瓷装饰上也大显身手。

　　划花是用一种尖硬之器在釉前生胎上刻画，线条要肯定而流畅，不可犹豫，不能画错，要求艺人技术娴熟、胸有成竹。上釉之后，流入凹线内的釉汁略厚，烧成后颜色稍深，图纹若隐若现，神妙莫测；刻花是以刻刀为工具在生胎上进行雕刻，用刀如笔，刻划并用，行刀有轻重缓急，线条有粗有细、方圆曲折、疏密得当。刻花使图纹形象的轮廓线更加突出，在平面之中显现立体感；印花是用事先做好的模具在生胎上印出图纹来，所印图纹有半浮雕效果，立体感更强。

　　划、刻、印花技术的使用，大大丰富了黄釉瓷的艺术表现力，与迷人的釉色相映生辉，更加提高了黄釉瓷的艺术品质。

黄釉
刻花花卉纹 壶
明－清
大卫基金会藏

13 黄釉 印花"官上加官"纹 牌

明－清
大卫基金会藏

■ "冠"与"官"谐音。图中公鸡有冠，和鸡冠花在一起，有"官上加官"的寓意。

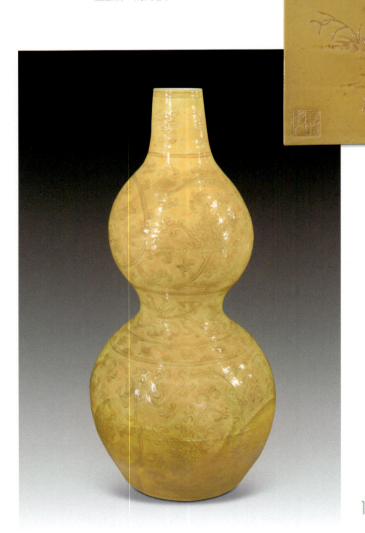

14 黄釉 划花缠枝菊纹 葫芦瓶

明－清
大卫基金会藏

黄釉
划花云龙纹 碗

15 　清 顺治
大卫基金会藏

黄釉
划花菊纹 笔筒

16 　清 顺治
V&A 博物馆藏

黄釉
双螭耳印花螭龙纹 杯

17 清 康熙
吉美博物馆藏

黄釉
划花饕餮纹 爵杯

18 清 雍正－乾隆
吉美博物馆藏

琥珀釉
印花龙纹 洗

19

清中期
大英博物馆藏

黄釉
刻花莲纹 盘

20

清
大卫基金会藏

黄釉
划花云龙纹　圆盒

21 清 乾隆
吉美博物馆藏

黄釉　印花水浪纹
地坛祭祀豆

22 清 嘉庆
V&A 博物馆藏

■ 底有嘉庆印章官款。

4. 黄釉青花瓷

自从景德镇窑于元代起对青花瓷进行规模性的开发，至明代已进入一个生产的高峰期。

最初青花是画在白釉上的，新黄釉瓷创烧成功以后，人们又尝试着将青花画到黄釉上。

黄釉青花给人的最初感觉是只不过把青花由画在白底上改为画在黄底上而已，其实并不是这么简单。青花是高温釉下彩，在制作黄釉瓷的过程中，要在生胎上先画青花，高温烧成后再填以黄釉，然后二次低温烧制。所以制作起来还是比较麻烦的。也正因为如此，黄釉青花的身价较高，也更受当今收藏家的喜爱。黄釉青花器拍品极少，且都以高价成交。1996 年，翰海秋拍中一件明弘治黄釉青花盘以 286 万元成交，目前的市场价值至少已在千万元以上。

明代青花丰富多彩的绘画题材，在黄釉瓷上本应大有施展的天地。但是，黄釉青花瓷一来绘制复杂，二来题材要由皇上钦定。因此，从现存的黄釉青花器来看，题材并不广泛，除了大量的龙纹以外，只有不多的花果纹样，也有少量人物题材。其中宣德年间烧制的一种折枝花果纹盘（图 23），被其后成化、正德、嘉靖等几个朝代不停仿制，甚至到清代还在仿制。这种看似一般的纹饰盘子，为什么深受历朝皇上宠爱，这背后有着什么样的故事，是一个值得收藏界和学术界考证的课题。

黄珐琅地
青花折枝花果纹 盘

23

明 宣德
大英博物馆藏

黄釉 青花缠枝牵牛花纹
四方倭角腹兽耳瓶

24　明 宣德
　　吉美博物馆藏

黄釉 青花地
盆状香炉

25　明 正德
　　大英博物馆藏

■ 底有正德年号款。定
陵曾出土过类似瓷器。

**黄地
青花龙纹 碗**

26 明 嘉靖
吉美博物馆藏

黄釉 青花地寿桃灵芝纹 碗

27 明 嘉靖
吉美博物馆藏

■ 在嘉靖和万历年间，几乎每一种颜色组合都被尝试在瓷器的配色设计上，通常用划花的方式先在胎体上勾出图纹的轮廓线，然后再上釉，填其他颜色。有的一次烧成，有的两次烧成。

黄珐琅彩 青花龙纹 爵形杯

明 嘉靖
大英博物馆藏

■ 底有嘉靖年号款。这种器型在定陵出土瓷器中也曾见过。

黄釉 青花三友纹 方盘

29　明 嘉靖
大卫基金会藏

■ 金元时有过方器，后消失。明正德开始又有方形器物出现。方器比圆器制作难度要大得多。方盘、方碗是嘉靖时期典型器物，其他朝代比较少见。

黄釉 青花缠枝龙纹 方碗

30　明 嘉靖
大卫基金会藏

黄釉
青花缠枝龙纹　大盘

31　明　嘉靖－万历
　　大卫基金会藏

黄釉　青花
文人和弟子出游纹
觚形瓶

32　明　万历
　　大英博物馆藏

　　■ 底有万历年号款。
　　定陵出土也有类似
　　瓷器。

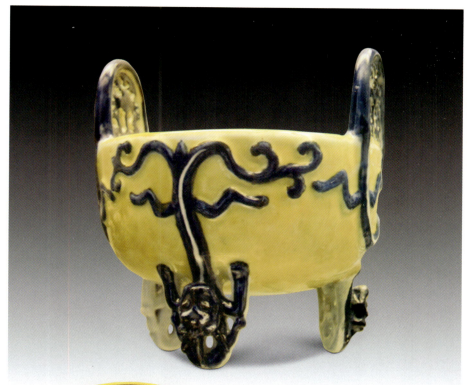

黄珐琅彩
青花贴花 鼎状香炉

33　明 万历
　　大英博物馆藏

■ 耳、足有镂花。
■ 万历年号款。

黄釉
青花桃纹 盘

34　清 雍正
　　大卫基金会藏

■ 底有雍正年号款。

5. 黄釉彩绘瓷

　　元代青花瓷的成功，为瓷器烧造打开了一扇通往五彩缤纷装饰世界的窗口，宣告了在瓷器上描绘任何色彩和图纹的可能。从明代起，人们开始尝试运用各种各样的色彩在瓷器上绘画，其中有一部分用的是单彩，如绿彩、红彩、紫彩、金彩等。同样，这种尝试也运用到了黄釉瓷上。

　　黄釉单色彩瓷的绘制过程是这样的：先在生胎上划出纹饰的轮廓，满施黄釉，然后按照轮廓线填以其他釉彩；有些黄釉龙纹绿彩的制作，是在生胎上施透明釉时将龙纹留出，高温烧成后上黄釉，也留出龙纹，最后在白龙纹上填绿彩，这样烧出的绿彩鲜艳、透明。有些龙纹在生胎上是用印花技术制作的，上绿彩后更有一种立体效果。黄釉绿龙纹器在宫中是贵妃的用品，烧造时因此格外小心，不敢稍有误差。

　　烧红彩时无需将纹饰留出，有黄釉铺底，红彩显得更加明亮。

　　五彩瓷明代烧造得最好，因此有"大明五彩"之说。在黄釉瓷中，明五彩也表现不凡。清代受进口珐琅器中珐琅彩的影响，创烧出粉彩瓷器，色彩妩媚、柔和，绘制在黄釉瓷上，愈发显得雍容华贵。

黄地
绿彩龙纹　盘

35　明　正德
大英博物馆藏
■ 底有"正德年制"款。

**黄地
绿彩婴戏纹 碗**

36 | 明 嘉靖
吉美博物馆藏

**黄地
绿彩云龙纹 碗**

37 | 明 中期
大英博物馆藏

黄地
绿彩龙纹 渣斗

38 　明 中期
大英博物馆藏

黄釉
绿彩福禄寿纹 碗

39　明－清
　　大卫基金会藏

黄釉
绿彩云龙纹 枕

40　明－清
　　大卫基金会藏

黄釉
绿彩婴戏纹 碗

41 　清 雍正
　V&A 博物馆藏

黄地
红彩穿云龙纹 盖罐

42 　明 嘉靖
　吉美博物馆藏

　■ 底有嘉靖年号款。

黄地
紫彩人物花蝶纹 觚

43 明 万历   ■ 底有万历年号款。
    吉美博物馆藏

**黄釉 紫彩
树根式香炉**

44 清
大英博物馆藏

**黄釉
五彩留白龙纹 盘**

45 明 弘治
大卫基金会藏

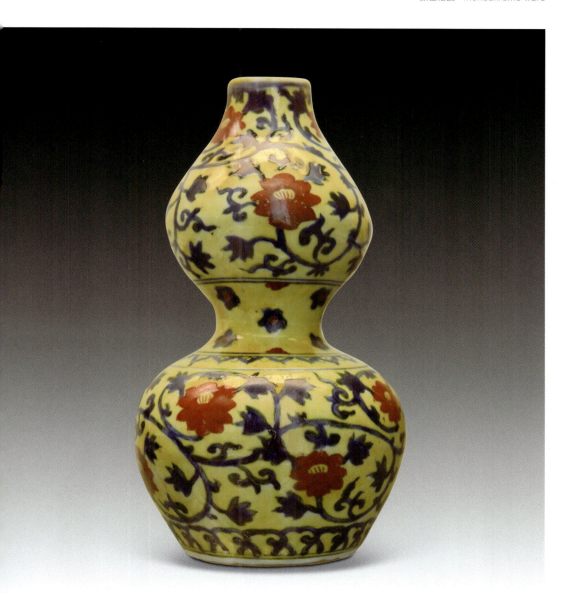

黄珐琅地
青花红珐琅花缠枝纹 葫芦瓶

46 明 嘉靖
大英博物馆藏
■ 底有嘉靖年号款。

黄釉
素三彩人物纹 碗

47　明－清
　　大卫基金会藏

黄釉
五彩龙纹 盘

48　明－清
　　大卫基金会藏

二、红釉瓷

1. 永宣红釉身价不凡

红釉瓷也是一种十分名贵的瓷器。如果追溯红釉的历史，说是可至唐宋，但那年代的釉色灰暗不堪，只能算是有点红的倾向。包括北宋所谓"红定"（定窑红瓷）在内，充其量只能称作"酱釉瓷"；宋代钧瓷中的铜红釉，尽管是窑变色的"主角"之一，但因受基色青釉的影响，颜色发紫；元代景德镇窑的釉里红稍微红了一点，但这红色主要作装饰用，至今尚未见到通体红釉之器。一直到了明代，才算有了纯正的"红釉瓷"——一种鲜艳明丽、宝光熠熠、通体一色、耀人眼目的红釉瓷器。

从存世藏品中发现，明洪武年就有了红釉瓷（图49），不过存世整器很少。红釉瓷真正的成熟期是在明永乐、宣德两朝。这一时期的红釉主要是高温铜红釉，即以铜为呈色剂，用1250℃以上高温烧制。永乐时期的红釉瓷胎薄体轻，造型规整；呈色稳定纯正，色泽光亮，色调鲜艳如初凝的鸡血，人们称之为"鲜红"或"宝石红"等；常见器型有瓶、盘、碗、高足碗等；釉器多素面无纹，少数也有印花云龙纹饰；器物口沿及器身凸起部位有一道白边，俗称"灯草边"，红白对比，相映生辉。宣德时期红釉瓷烧造技术比永乐时期更有提高，许之衡《引流斋说瓷》道："宣德祭红则为红釉之极轨。"宣德红釉色调庄重肃穆，艳如宝石；釉面匀称，釉层不流不裂；胎、釉厚实；圆器口沿光滑圆润；釉质的温润感比永乐器强，只是光泽度稍逊于永乐；器型增加了瓶、壶、炉、洗、盆等器物。

这种高温铜红釉的烧制技术难度相当大，不仅对釉料配方中铜的含量和其他成分的比例要求十分严格，而且对窑内温度、气氛的控制更为苛刻：温低不成红，温高色即去；有时，甚至对窑外的天气、季节变化、器物摆放的位置等，也都十分敏感，其中任何一点微小的变化，都有可能导致色调的偏差。人们当年在形容宋代"五大名瓷"之一的钧窑瓷烧造难度时，曾有"十窑九不成"一说，而永宣鲜红釉却是"千窑难烧一器"。这并非危言耸听，当时的实际情况确实如此。明代的田艺衡在《留留青》中就这样记载："宣德（铜红釉瓷）之贵，今与汝（瓷）敌，而永乐、成化亦以次重矣！"明代当朝人已感叹永宣红瓷与宋代"五大名瓷"之首的汝瓷同样名贵，足见永宣红瓷烧造之难和成品之少。目前，全世界存世汝瓷仅有 67 件已为人们歆歔，而永宣鲜红釉瓷存世只有区区十余件，岂不更让人瞠目？

在封建专制社会，君主对物资的和非物质的东西都可随意垄断。明代朝廷不仅垄断了黄釉瓷，而且也独占了红釉瓷，从开国皇帝朱元璋起就将红色定为皇家专用色。加之鲜红釉烧造难度极大，一般民窑根本烧造不起，只有官窑不计工本，举国家之财力方可为之。如此金贵之物，即便在宫中也不可以轻易使用，只有在重大祭祀活动时才偶尔用之。因此，这种红釉瓷也被称为"祭红"，后世演绎为"霁红"。

到了成化、正德年间，祭红烧制江河日下，不仅烧成数量极少，而且釉色与宣德时期已不可同日而语。

明代中期，由于原材料的枯竭和烧制技术的失传，烧出的铜红釉暗红带黑。于是，从嘉靖二十六年（公元 1547）起，改用以铁为呈色剂，在 700℃–1250℃之间的低温条件下烧制红彩，以复皇上敦促烧制鲜红釉瓷之命。这种铁红釉，据清蓝浦《景德镇陶录》介绍："（铁红釉）用青矾炼红加铅粉、广胶合成。"故也称为"矾红"。矾红比高温铜红烧制容易得多，虽釉色不及铜红纯正艳丽，但呈色稳定。所以矾红不仅用来烧造单色瓷（图56），也用于单彩、五彩瓷的绘制（见本系列《单彩瓷 五彩瓷》）。

**铜红釉
如意祥龙暗花 盘**

49 明 洪武
大卫基金会藏

 洪武年间存世的
高温铜红釉整器极
为少见，这是笔者
在欧洲见到的两件
洪武铜红釉器之一。

铜红釉 盘

50 明 永乐
大英博物馆藏

铜红釉 高足杯

51 明 永乐
V&A 博物馆藏

■ 洪武年间的红釉瓷通常都有点灰。永乐和宣德年间的釉色纯正到近乎完美。永宣铜红釉目前存世整器只有十余只，笔者在欧洲几个大博物馆中见到的共八只。

霁红釉 碗

52 明 宣德
大卫基金会藏

■ 底有宣德年号款。

祭红釉
贴白衔环铺首天球瓶

53 明 宣德
大卫基金会藏

祭红釉
凸雕白鱼纹 碗

54 明 宣德
大卫基金会藏

铜红釉 素面盘

55

明 正德
大卫基金会藏

■ 正德年间已经很难再烧出釉色纯正的铜红釉了，这只正德年的铜红釉盘，色彩如此醇厚艳丽，实属罕见。

■ 底有青花"正德年制"款。

矾红釉
贴白衔环铺首盘口瓶

56

明 万历
吉美博物馆藏

■ 矾红釉是以铁为呈色剂，在 700℃ –1250℃之间的低温条件下烧制的红彩，始于明嘉靖二十六年（公元 1547）。

2. "清三代"红彩繁花似锦

有着"千古一帝"之称的康熙大帝，不仅在治国安邦方面功绩卓著，在中国瓷器发展事业上同样贡献非凡。明宣德之后失传了两百多年的高温铜红釉瓷，在康熙手中又重见天日。

康熙四十四年至五十一年（公元 1705–1712），在康熙皇帝的直接干预下，江西巡抚兼景德镇御窑厂督理郎廷极与陶工们一起，经过无数次试验，无数次失败，最终成功复烧出了高温铜红釉瓷。这可是一件功不可没的大事，所以，收藏界将这种红釉瓷称作"郎窑红"或"郎红"。从民间"若要穷、烧郎红"的顺口溜可以看出郎窑红烧制之艰难。

郎窑红釉色鲜艳，釉层凝厚，釉面有较强的玻璃质感，并有大开片纹和不规则的牛毛纹。器物的口沿与宣德红釉一样，因釉层较薄，形成"灯草边"，又因釉在高温下自然流淌，器物越往下部红色越浓，近足处几呈黑红色，民间将这种现象称为"脱口、垂足、郎不流"。

康熙年间的高温铜红釉还有几个品种。其中釉面不垂流，不开片，釉层薄，釉色呈血红色，色泽深沉，有橘皮纹的称为"祭红"或"霁红"；另一品种，色泽如成熟的豇豆红色，并常有绿斑苔点的，称为"豇豆红"，其釉面柔和细润，淡雅清幽。因烧成过程中窑内气氛的不同，豇豆红成品的呈色深浅和品质也不一样：红色鲜艳明快、通体一色者为上乘之作，称为"大红袍"或"正红"；釉色如深浅不一的豇豆色，并含紫红晕点者略次之，称为"美人醉"；色调更为浅淡娇嫩的称为"娃娃面"或"桃花片"；色调浅而晦暗混浊者称为"乳鼠皮"或"榆树皮"，属再次者；最差者釉面灰黑不匀，称为"驴肝""马肺"。

康熙皇帝在对待瓷器事业的态度，有点像他在沙场上作战，喜欢"全线出击"。康熙年间高温铜红釉的烧造已经硕果累累，但他并没有满足，同时还要进行低温红釉的探索，烧出了抹红、盖雪红、珊瑚红、胭脂红等品种。前面三种是以氧化铁为呈色剂，而胭脂红则是以金为呈色剂，所以也称"金红"。由于用金作呈色剂的制作方法是从西方传入我国的，所以这种红色也被称作"西洋红"，而在欧洲则称为"蔷薇红"。

雍正、乾隆两朝在红釉瓷烧造上没有太多的创新，但康熙朝的这些品种在这两朝基本得到了较好的传承。

由于红釉瓷烧造难度大，成本高，产量低，又为皇家垄断，所以是存世罕见而名贵的瓷器品种之一。

郎窑红釉 梅瓶

57 清 康熙
吉美博物馆藏

霁红釉 碗

58 清 康熙
大卫基金会藏

矾红釉 素面碗

59 清 康熙
大卫基金会藏

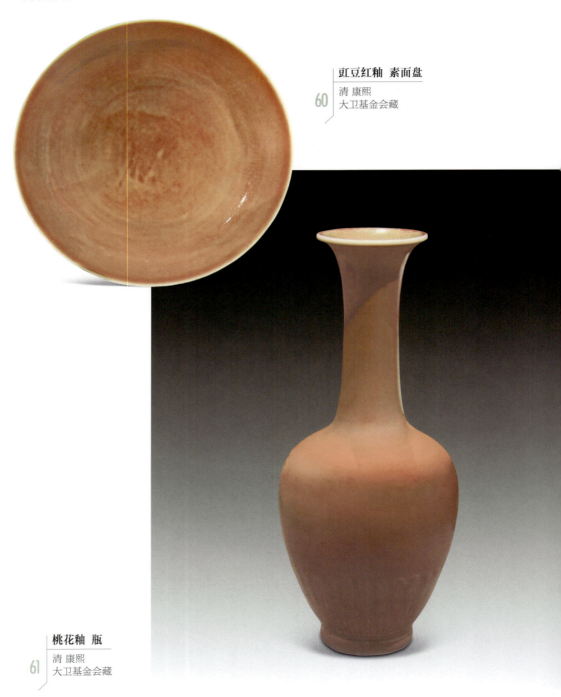

豇豆红釉 素面盘

60 清 康熙
大卫基金会藏

桃花釉 瓶

61 清 康熙
大卫基金会藏

桃红釉
划花龙纹 太白尊

62 清 康熙
大英博物馆藏
■ 底有康熙年号款。

珊瑚红釉 杯

63 清 雍正
大卫基金会藏
■ 底有青花"大清雍
正年制"款。

宝石红釉 碗

64 清 雍正
大卫基金会藏

■ 乾隆年间，景德镇督窑官唐英将雍正、乾隆年间烧制的高温铜红釉霁红分为"鲜红"和"宝石红"，其实，还是一个品种，后世无法将它们区分。

■ 底有"大清雍正年制"款。

玫瑰粉釉 盘

65 清 雍正
大卫基金会藏

■ 这种釉色制作是先上一层透明釉高温烧制，然后用有丝网吹管将玫瑰粉颜色均匀地吹在瓷器上，再低温烧制。这种颜色都是从欧洲引进的，康熙晚期（约公元1720）在中国首次使用。

■ 底有雍正年号款。

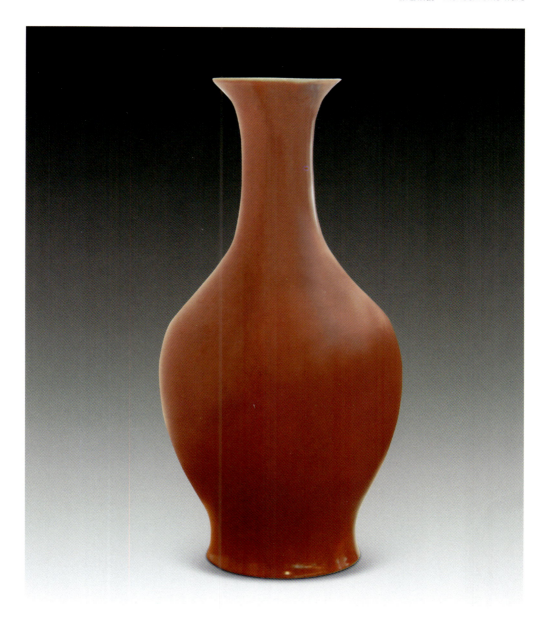

霁红釉 橄榄瓶

清 乾隆
吉美博物馆藏

霁红釉 双牺耳日坛祭祀尊

67 清 乾隆
V&A 博物馆藏

■ 明清时期皇家祭祀十分频繁，不同祭祀位置需配用不同的颜色釉瓷。《大明会典》卷二百零一记载："嘉靖九年，定四郊各陵瓷器：圜丘（天坛）青色，方丘（地坛）黄色，日坛（朝日坛）赤色，月坛（夕月坛）白色（或月白色），行江西饶州府（景德镇窑）如式烧解。"

■ 该器与图 105 天蓝釉尊为一套，均为仿明代器型。北京故宫博物院存有一件与本器相同造型的明代弘治朝黄釉尊。

■ 底有乾隆印章官款。

霁红釉 玉壶春瓶
清 乾隆
大英博物馆藏

68

豇豆红釉 洗
清 乾隆
大卫基金会藏

69

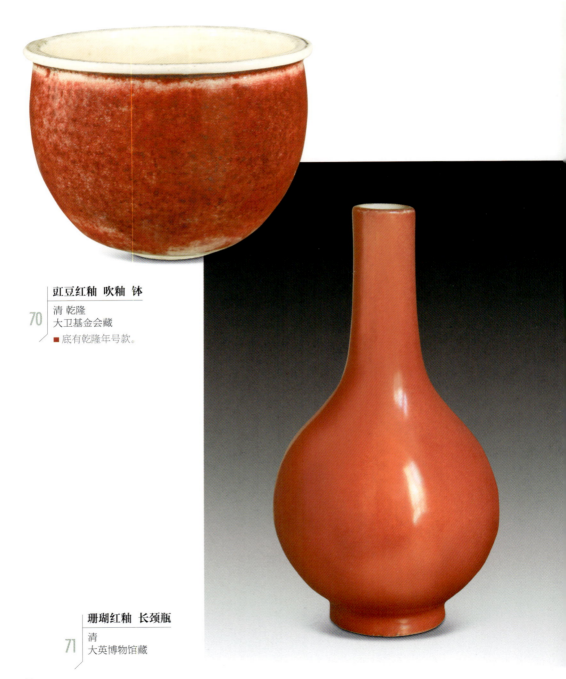

豇豆红釉 吹釉 钵

70　清 乾隆
大卫基金会藏

■ 底有乾隆年号款。

珊瑚红釉 长颈瓶

71　清
大英博物馆藏

珊瑚红釉
南瓜形罐
72 清
大卫基金会藏

珊瑚红釉
狗熊贴塑花瓣洗
73 清
大卫基金会藏

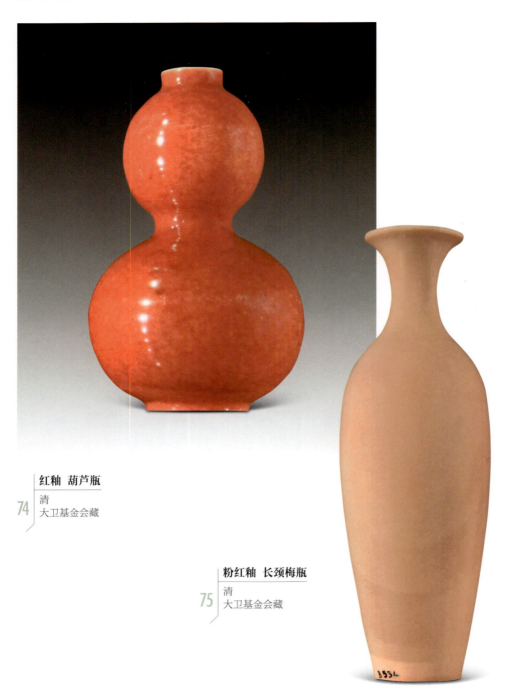

红釉 葫芦瓶
74 清
大卫基金会藏

粉红釉 长颈梅瓶
75 清
大卫基金会藏

三、蓝釉瓷

1. 元代蓝釉瓷

　　蓝釉瓷是以钴为呈色剂的高温瓷器。蓝釉最早在唐三彩釉陶器中就已经使用过。从元代开始，景德镇窑对蓝釉进行了成功的开发和运用。他们一方面用钴料在瓷器上绘制青色纹饰，烧制出了素雅而靓丽的青花瓷；另一方面以蓝釉遍涂器身，烧造出了纯净明丽、宝石般晶莹的蓝釉单色瓷。

　　蓝釉瓷主要作为宫廷礼器和陈设用器，不是日常生活用品，百姓更不得使用。因此，烧造量很小，且深藏宫中。现在传下来的元代蓝釉瓷完好无缺的整器十分稀少，据统计，全世界仅存十余只。在海外，除了本书提供的来自欧洲四座大博物馆的五件藏品外，西亚地区的伊朗巴士顿博物馆、阿德比尔寺和土耳其伊斯坦布尔的托普·卡普·萨莱宫殿博物馆，日本的出光美术馆、大阪市立东洋陶瓷美术馆，也分别收藏了几只白龙、白花、飞鸟及海马纹的蓝釉盘；在国内，北京故宫博物院藏有一件白龙蓝釉盘，扬州博物馆和北京颐和园分别藏有一只白龙蓝釉梅瓶。这种瓶目前世界上仅存三只（另一只即图76法国吉美博物馆的收藏品），颐和园的那只曾经被打破过，扬州博物馆的那只最大，品相也好，香港著名收藏家徐展堂先生曾调侃，愿以3亿元人民币买下这只蓝釉梅瓶；另外，杭州市、保定市曾分别出土过元代蓝釉爵杯、蓝釉金彩杯、盘各一只。

蓝釉
雕白花云龙纹 梅瓶

76　元
吉美博物馆藏

■ 该瓶胎体厚实，造型挺拔，肩部宽大圆浑，风格粗犷豪放。瓶身白龙细颈、蛇尾、三爪，须髯飘逸缠绵，动态遒劲而优美，威猛而生动。是元代不可多得的蓝釉瓷精品。目前，这种瓶存世只有三只。

蓝釉
贴白胎戏珠龙纹 盘

77 元（公元 1320–1350）
大卫基金会藏

- 这只盘的制作过程是：先上蓝釉，后贴上白胎土制作的龙和珠子，有凸起的立体效果，再上透明釉，用1280℃ –1320℃的高温烧制即成。
- 北京故宫博物院所藏同器型元代盘，纹饰大致相同，只是没有云珠。

外壁棕色釉 内壁蓝釉
暗花龙纹和划花云纹 盘

78 元
大英博物馆藏

外壁棕色釉 内壁蓝釉
暗花龙纹 高脚碗

79　元
大英博物馆藏

蓝釉 白雁纹 匜

80　元
V&A博物馆藏

■ 北京故宫博物院收
藏一只元代描金折枝
花、朵云纹匜，器型
与之相同。

2. 明清霁蓝釉瓷

明、清两代继承元代传统，在景德镇窑继续烧制这种蓝釉瓷。明代蓝釉瓷烧造得最出色的当属宣德一朝。宣德蓝釉瓷呈色稳定，釉面均匀、明净，不淌流，无纹理，色泽沉厚，蓝如深海，后人称其为"霁蓝釉"。因这种器具多用于祭祀，所以又称"祭蓝釉"。也有的称之为"霁青釉""积蓝釉"的。在《南窑笔记》中，把霁蓝釉和霁红釉、甜白釉并列，推为宣德颜色釉瓷的三大"上品"。

宣德霁蓝釉瓷器多为单色釉，也有里白釉外蓝釉及用金水饰以各种花纹的，后者也称为"霁蓝描金彩"；釉面有少量素面无纹的，也有刻画暗花的，暗花以龙纹为多；另有蓝釉白花的，白花有露胎和堆白两种，纹饰多为折枝花纹及鱼藻纹。器型碗、盘常见，传世品中少见瓶、壶之类。

明代中期，成化、弘治、正德时期的霁蓝釉瓷传世不多，嘉靖朝是烧制蓝釉瓷比较兴盛的时期。器型种类比宣德朝大有增加，除了礼器外，还烧制了许多陈设瓷，甚至打破了宣德时期惯例，烧制了一些日用瓷（图90）。在釉色方面，霁蓝釉比宣德时期略偏微紫，部分釉面有些细小开片纹。嘉靖朝还用回青料烧制出一种"回青釉"，釉色为淡蓝色，没有刺眼的浮光。

明万历朝的霁蓝釉瓷，和青花、五彩一样，基本与嘉靖朝没有太大的变化。

清代康熙皇帝要求所有的瓷器品种他全部都要有，霁蓝釉当然也不在例外。此后的几朝也都有霁蓝釉瓷器出品。

霁蓝釉　盘

81　明 宣德
大卫基金会藏

■ 底有宣德年号款。

霁蓝釉　留白划花　盘

82　明 宣德
大英博物馆藏

霁蓝釉
天坛祭祀簠

83　明 嘉靖、清 康熙
　　V&A 博物馆藏

■ 该簠的上盖为明嘉靖
年制，下部佚缺，后清
康熙年补制成一套。

霁蓝釉
五彩荷塘鹭鸶纹 觚

84　明 嘉靖
　　吉美博物馆藏

**霁蓝釉　金彩留白凸雕云龙纹
"五供"烛台（一对之一）**

86 ｜ 明 嘉靖
吉美博物馆藏

**霁蓝釉　金彩留白凸雕
云龙纹　"五供"香炉**

85 ｜ 明 嘉靖
吉美博物馆藏

**霁蓝釉 金彩留白凸雕云龙纹
"五供"瓶（一对之一）**

87

明 嘉靖
吉美博物馆藏

■ 图85、图86、图87为一套祭器：一
只香炉、一对瓶、一对烛台，共五件，
称"五供"。

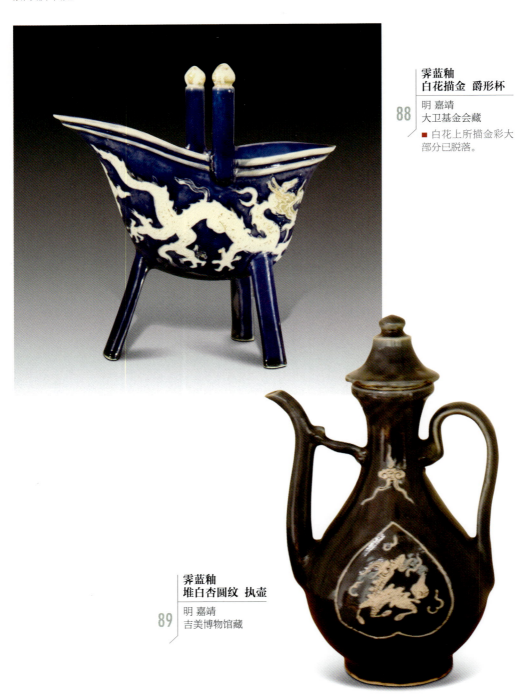

**霁蓝釉
白花描金 爵形杯**

88　明 嘉靖
大卫基金会藏

■ 白花上所描金彩大
部分已脱落。

**霁蓝釉
堆白杏圆纹 执壶**

89　明 嘉靖
吉美博物馆藏

**霁蓝釉
划云凤纹 罐**

90

明 嘉靖
吉美博物馆藏

■ 底有嘉靖款。

**霁蓝釉
白花穿云凤纹
三足洗**

91

明 万历
大卫基金会藏

霁蓝釉
白花三友纹 三足洗

92 明 万历
大卫基金会藏

■ 内壁白地青花花卉纹。

霁蓝釉
白花水草鱼纹 碗

93 明 万历　　■ 底有"大明万历年制"款。
大卫基金会藏

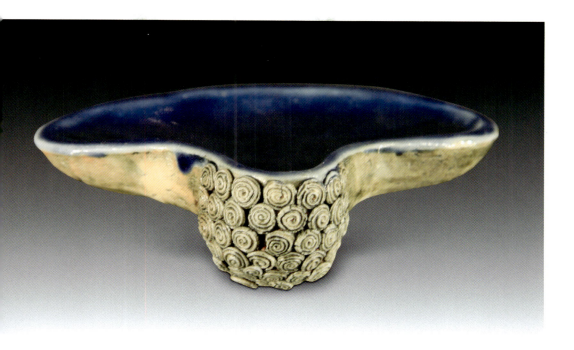

蓝釉 羊首形匜

94 　明
　　大卫基金会藏

▪ 内壁蓝釉，外壁素胎贴塑。

**霁蓝釉
花瓣形杯**

95 　清 雍正
　　大卫基金会藏

霁蓝釉 折枝暗花
长颈蒜头瓶

96 清 雍正
大卫基金会藏

蓝釉 龙纹暗花 盘

97 清
大卫基金会藏

蓝釉 白龙纹 倒钟杯

98 清
大卫基金会藏

3. 洒蓝釉瓷

洒蓝釉是以钴为呈色剂，用竹管蘸蓝釉汁并将其吹于白釉器表，再经二次烧制。蓝釉没有完全覆盖全器，蓝釉下露出的点点白釉，形成蓝白相间、斑斑驳驳的色片，宛如飞舞的雪花，所以又叫"雪花蓝釉"；《南窑笔记》称其为"吹青"；也有叫"青金蓝釉"的。

洒蓝釉创烧于明代宣德年间，其后明代几朝均没有再烧制。由于洒蓝釉烧制难度较大，宣德年间烧制的洒蓝釉瓷器数量也不多，现存世的就更为罕见。存世的明宣德洒蓝釉器只有一个品种，即图99的钵形碗，数量只有四只。

清康熙一朝是瓷器全面发展的时期，不仅瓷器质量高，而且品种齐全。康熙瓷器不仅有许多属于本朝创新的产品，同时还挖掘出历朝一些优秀的制作工艺。洒蓝釉就是其中的一种。明宣德年后断烧的洒蓝釉瓷，在康熙朝得以恢复，烧造的品种和数量都超过了宣德时期，并且已经有产品作为外销瓷销往海外，在欧洲非常受欢迎，欧洲一些瓷器工厂花了很大的工夫来仿制洒蓝釉瓷器。

清康熙及雍正、乾隆时期的洒蓝釉瓷器器型多样，呈色稳定，做工精细，常辅以金彩、五彩装饰。"清三代"以后历代均有洒蓝釉瓷器生产，但质量已大不如前。

洒蓝釉 骰子碗

明 宣德
大卫基金会藏

99

■ 这只碗胎体厚重，胎质坚密洁白，色调深沉凝重，蓝釉分布均匀，是宣德皇帝在景德镇官窑订制，专门用来玩掷骰子游戏的，底有"大明宣德年制"六字青花楷款。明代宣德洒蓝釉器传世只有4件，中国首都博物馆1件，其余3件均流散国外。

洒蓝釉
山水人物博古纹 开光盖罐

100

清 康熙
吉美博物馆藏

洒蓝釉 镀金 长颈瓶

101

清 康熙
大卫基金会藏

■ 这种洒蓝釉瓷当时在
欧洲非常流行，并在公
元 1760 年前后被英国
伍斯特和 Bow 的瓷器
工厂成功仿制。

洒蓝釉 莲瓣形盘

102

清 康熙
大卫基金会藏

洒蓝釉 棒槌瓶

103

清
大卫基金会藏

4. 天蓝釉瓷

天蓝釉也是康熙年间开发的蓝釉瓷新品种，釉色浅蓝、莹洁、淡雅，好似蔚蓝的天空，故名。与康熙朝天蓝釉类似的釉色，向上可以追溯到北宋的"五大名窑"。汝窑的天青釉就是一种"雨过天青"般的浅蓝色，所以，清代天蓝釉又有"仿汝青"的别称。不过，清代天青釉颜色比汝窑天青釉要深一些；在北宋钧窑中，其青釉颜色变化十分丰富：蓝色重的称为"天蓝色"，浅一点的称为"天青色"，最浅的称为"月白色"。清代天蓝釉的颜色要较钧窑的天蓝釉更加莹亮一些。

康熙年间在烧制蓝釉瓷时，将釉料中呈色剂钴的含量，由 2% 左右降低到 1% 以下，在高温条件下即可烧成天蓝釉。当然，釉料中还含有铜、铁、钛等金属呈色剂，所以，烧出的釉色才会既鲜亮又含蓄。

雍正、乾隆两朝仍有天蓝釉瓷器出品。康熙朝天蓝釉色浅蓝淡雅，而雍正朝的天蓝釉色则略为深沉一些，烧造技术也更为纯熟；乾隆时期天蓝釉瓷在积釉处略泛淡黄绿色。在器型方面，康熙朝多为小件文房用具，雍正、乾隆两朝则更加丰富多彩。

天蓝釉 双连长颈瓶

104

清 雍正
吉美博物馆藏

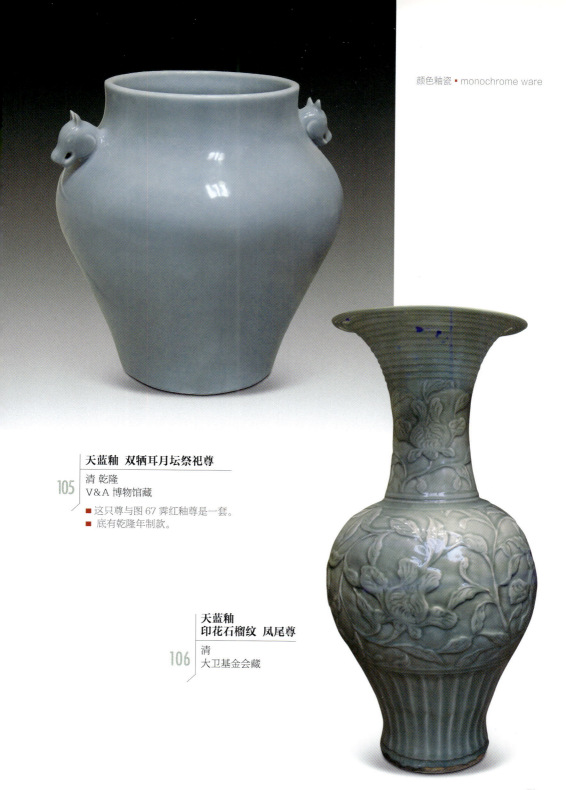

天蓝釉 双牺耳月坛祭祀尊

105　清 乾隆
V&A 博物馆藏

- 这只尊与图 67 霁红釉尊是一套。
- 底有乾隆年制款。

**天蓝釉
印花石榴纹 凤尾尊**

106　清
大卫基金会藏

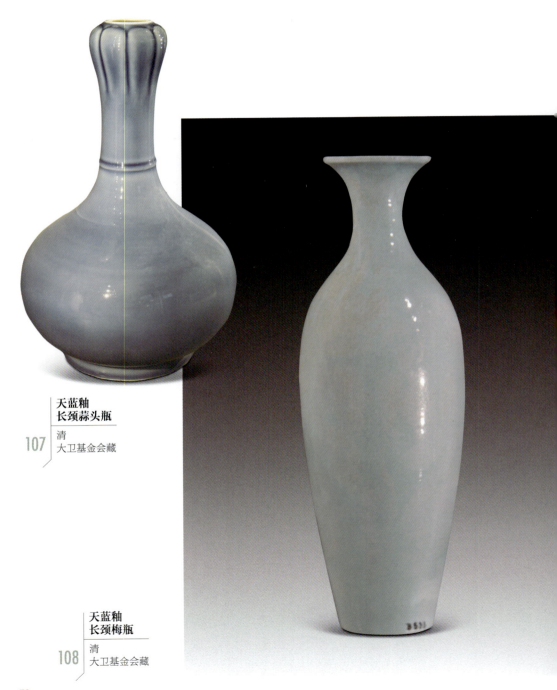

**天蓝釉
长颈蒜头瓶**

107 | 清
大卫基金会藏

**天蓝釉
长颈梅瓶**

108 | 清
大卫基金会藏

四、绿釉瓷

绿釉瓷是明代开发的新颜色釉瓷中的一个品种。其实绿釉的历史也很久远，最早在汉代就已用铜作呈色剂烧过铅绿釉；唐三彩中绿釉曾是其中重要一彩；作为瓷器，北宋时定窑就烧造过，并被朝廷定为御用贡瓷，所以也称为"绿定"。目前"绿定"虽有残片出土，整器尚属罕见。定窑器基本都是炻器（介于陶器和瓷器之间的一种器物，本系列《青瓷》《白瓷》书中均有介绍），首先胎质就比不过明代景德镇窑，其釉色也不够鲜亮，呈深灰青绿色，达不到亮翠的程度。辽金时期也烧造过绿釉瓷，但他们弄不到绿定的釉料配方和烧造技术，烧不出高温绿釉瓷，且釉中满布杂质，毫无北宋绿定之神韵，更没资格与明代绿釉瓷"过招"。不过，如果仅从收藏角度而言，辽金绿釉瓷遗存极少，现存世的器物已属凤毛麟角。物以稀为贵，辽金绿釉也是收藏家的宝中之宝。南宋和元是青瓷、青花走红的时期，绿釉瓷不被重视，其烧造水平一路下坡，乏善可陈。

明代对颜色釉瓷的开发可谓"全线出击"，黄、红、蓝、绿、黑、白、"杂"，所有颜色都进行尝试。有出色的白瓷为基础，有娴熟的配釉技术，有上好的进口原料，颜色釉瓷走到明代形成高峰，应是顺理成章之事。绿釉烧造在明代自然也身手大显。

清代康、雍、乾三朝盛世，也是我国瓷器史上最繁荣的时期。在颜色釉瓷方面，他们在极力追摹明代经典的同时，不乏在器型、釉色、纹饰诸方面的创新。

绿釉是一种含氧化铜的石灰釉，在还原气氛中呈红色，在氧化气氛中则呈绿色。我国传统的绿釉和绿彩都属于铜绿釉。

除了烧制气氛以外，炉温的高低也决定着绿釉形成的颜色。如高温下可烧成郎窑绿、苹果绿，低温下烧出的是孔雀绿、瓜皮绿、秋葵绿、湖水绿和淡绿等。

康、雍、乾三朝皇帝与外来传教士的交往促进了科技和思想的交流。柠檬绿是雍正年间在欧洲技术影响下的革新。欧洲制作亮黄玻璃和油画颜料的化学呈色剂，在雍正年间被用在釉彩里，创烧出一种粉嫩可爱的柠檬绿釉瓷。

1. 宋、辽绿釉瓷

**绿釉 炻器
刻花瓜棱 执壶**

109

辽
北方窑
V&A 博物馆藏

绿釉 炻器
印花花卉纹 碗

110

南宋
南方窑
吉美博物馆藏

2. 素面无纹绿釉瓷

绿釉 碗

111

明 嘉靖
大卫基金会藏

■ 本书所介绍的明
清绿釉瓷基本是
景德镇窑的产品，
就不一一注明。

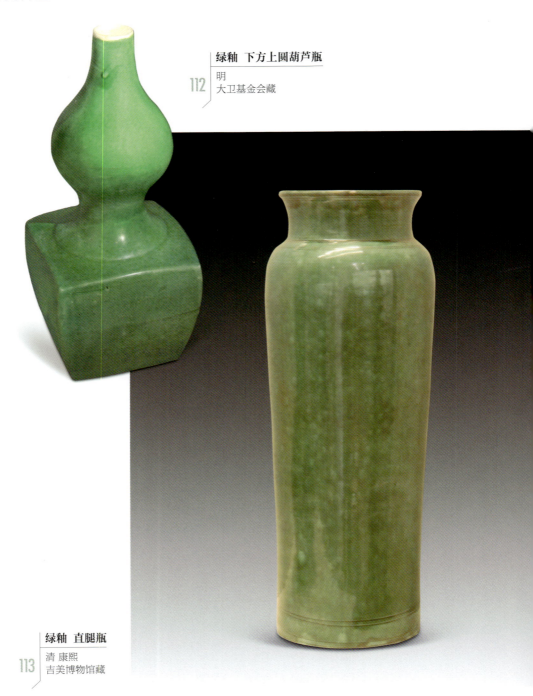

绿釉 下方上圆葫芦瓶

112 明
大卫基金会藏

绿釉 直腿瓶

113 清 康熙
吉美博物馆藏

瓜绿釉 倒钟杯

114 清 雍正
大卫基金会藏

淡绿釉 盘

115 清
大卫基金会藏

柠檬绿釉 杯

116 清 雍正
大卫基金会藏

■ 底有"大清雍正年制"款。

柠檬绿釉 倒钟杯

117 清 雍正
大卫基金会藏

3. 刻、划、印花纹绿釉瓷

绿釉 划花云龙纹 长颈瓶
清 顺治
吉美博物馆藏

118

**瓜绿釉
划花番莲缠枝纹 盘**

119　清 雍正
大卫基金会藏
■ 底有"大清雍正年制"款。

**柠檬绿釉
印花鼓钉龙纹 方盒**

120　清 乾隆
大英博物馆藏

**淡绿釉
刻、划花牡丹纹 碗**

121　清
大卫基金会藏

**淡绿釉
划花回纹 杯**

122　清
大卫基金会藏

**淡绿釉
四瓣杯托**

123 　清
　　大卫基金会藏

4. 绿釉开片纹瓷

　　开片纹是宋代哥窑、官窑以及龙泉窑在烧造青瓷中常常制作的特殊纹饰，是利用瓷器烧成后骤降温度的办法，产生出一种无规律却自然天成的美丽纹理。清代把它移植到了绿釉瓷中来，让人感到似曾相识却又别有天地，妙不可言。

**淡绿釉
开片纹 罐**

124 　清
　　大卫基金会藏

淡绿釉
开片纹 广腹瓶

125 清
大卫基金会藏

5. 绿釉彩绘瓷

绿釉 描金 碗

126 明 万历
大卫基金会藏

绿釉 描金 杯托

127　明 万历
大卫基金会藏

绿珐琅地
红珐琅彩缠枝纹 葫芦瓶

128　明 嘉靖
大英博物馆藏

■ 底有嘉靖年号款。

**绿地 黄彩紫彩
划瓶花八宝纹 盘**

129 明 万历
吉美博物馆藏

■ 底有"大明万历
年制"款。

**绿地
黄彩龙凤纹 平盖罐**

130 明 万历
大卫基金会藏

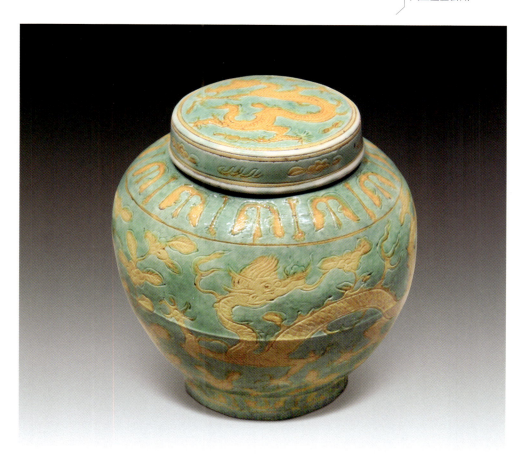

**绿地
紫彩龙纹 碗**

131

清 光绪
V&A 博物馆藏

6. 孔雀绿釉瓷

孔雀绿是西亚地区的传统装饰色彩，唐宋时期传入中国，后被运用于北方民窑的瓷器制作，但釉色都呈深灰青绿色。明代宣德时期景德镇御窑烧造的孔雀绿釉，釉色翠绿透亮，如孔雀羽毛般雅丽，故取名"孔雀绿釉"，又称"法翠釉""吉翠釉"或"翡翠釉"。之后的明成化、弘治、正德等朝和清康熙、雍正、乾隆时期都有孔雀绿釉瓷器烧造。

孔雀绿釉瓷的制作，是先在高温中烧成涩胎或白釉瓷，再在其上施孔雀绿釉，后入窑二次低温烧成。这种低温釉容易因釉面与坯体的膨胀系数不同而出现不同程度的细小开片，年久土壤侵蚀风化，釉面常出现成片成块局部脱落现象。清代康熙官窑的孔雀绿釉，窑温提高，胎釉结合紧密，开片极其细小，这也是清三代与前朝孔雀绿釉瓷区别的特征之一。

孔雀绿釉有偏绿的，也有偏蓝的；有深色的，也有浅色的。深者色葱翠，鲜明艳丽，常在彩釉中与其他色配合使用，如嘉靖窑五彩瓷中就经常使用孔雀绿。

孔雀绿釉是瓷器中极为名贵的品种，目前我国各大博物馆珍藏实物极为稀少。

孔雀绿珐琅釉 碗

132

明 宣德
大英博物馆藏

■ 孔雀绿色在皇家瓷器中很少见，但是经常使用在非皇室用祭器、宗教人像、瓦上。有金色装饰的孔雀绿色瓷器在元朝时为蒙古统治者制造。

孔雀绿釉 盘

133

明 宣德
大卫基金会藏

■ 底有"大明宣德年制"款。

孔雀绿珐琅釉
青花底划花龙纹 大捧盒

明 成化
大英博物馆藏

134

■ 成化瓷器大部分都小而
精致，故有"成化无大器"
之说。这个盒子的尺寸之
大极为少见，仅在皇家窑
口销毁的残次品堆里曾发
现过。

■ 底有成化年号款。

孔雀绿釉
划花菊纹 罐

明 嘉靖
V&A 博物馆藏

135

**孔雀绿釉
划蝠云纹 瓶**

136

清 嘉庆
V&A 博物馆藏

五、杂釉瓷

　　明清时期，尤其是清代康、雍、乾三朝，生产了大量的五彩缤纷的颜色釉瓷，除了前面已经介绍的黄釉瓷、红釉瓷、蓝釉瓷、绿釉瓷以外，还烧制了许多其他颜色的釉瓷。清雍正十一年（公元1733），雍正皇帝下令制作一组同一种造型的菊花形盘（图8），采用了12种不同的颜色，反映了当时在颜色釉瓷中对多种釉彩的烧制尝试。

　　在这些颜色釉瓷中，除了素面单色釉以外，还有各种结晶釉、窑变釉。

　　本章对每种颜色釉瓷的基本特征和烧造技术，将放在图片下说明中简述。

茄皮紫釉
划缠枝莲纹　葫芦瓶

明 嘉靖 – 万历
吉美博物馆藏

137

■ 茄皮紫釉是以氧化锰为呈色剂的低温釉瓷，颜色似紫茄皮，故名。颜色有深浅之分。施釉采用浇釉法，所以也称"浇紫釉"。茄皮紫釉创烧于明代，"清三代"比较流行。

茄皮紫釉
绿云龙纹 盘

138　明 万历
大卫基金会藏

■ 明代茄皮紫釉绘绿龙纹瓷器比较罕见，
此盘文物价值较高。

紫釉 卧牛瓷塑

139　清 康熙
吉美博物馆藏

茄皮紫釉 盘

清 雍正   ■ 底有雍正年号款。
大卫基金会藏

140

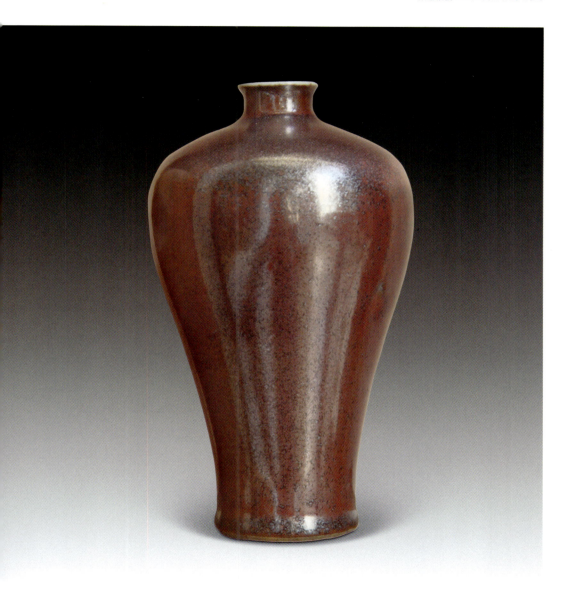

茄皮紫釉
铁锈斑 梅瓶

141

清
大英博物馆藏

淡紫釉
印花花卉纹 石榴形瓶

清 晚期（公元 19 世纪）
142　大英博物馆藏

茶叶末釉
双把葫芦形瓶

清 乾隆
143　大英博物馆藏

■ 茶叶末釉是一种结晶高温釉，最早出现
于唐代耀州窑。景德镇窑从明代开始生产，
清代早期工艺已经比较成熟。釉色沉着无
光，于暗绿色中呈现黄色斑点，似茶叶末，
故名。由于配料、炉温和各道制作工艺的
变化，釉色略有不同。根据每种釉色的特征，
又分别有蟹甲青、鳝鱼黄、蛇皮绿、黄斑点、
仿古铜等名称。

■ 底有乾隆年号款。

茶叶末釉
牺耳汉壶尊

清 雍正
吉美博物馆藏

144

■ 北京故宫博物院藏有一只与该瓶相同造型、相同釉色的器物，是乾隆年间的仿制品。

■ 底有阴划篆书"雍正年制"款。

紫金釉 葫芦瓶

清
大卫基金会藏

145

■ 紫金釉又称"酱色釉""柿色釉"，是一种以氧化铁和氧化亚铁为呈色剂的高温釉。最早出现于宋代，明代复烧，"清三代"烧造较多。紫金釉有红、黄两种：深色泛红的称"红紫金釉"，浅色泛黄的称"黄紫金釉"。

红紫金釉 浅碗

清
大卫基金会藏

146

黄紫金釉 弦纹 碗

清
大卫基金会藏

147

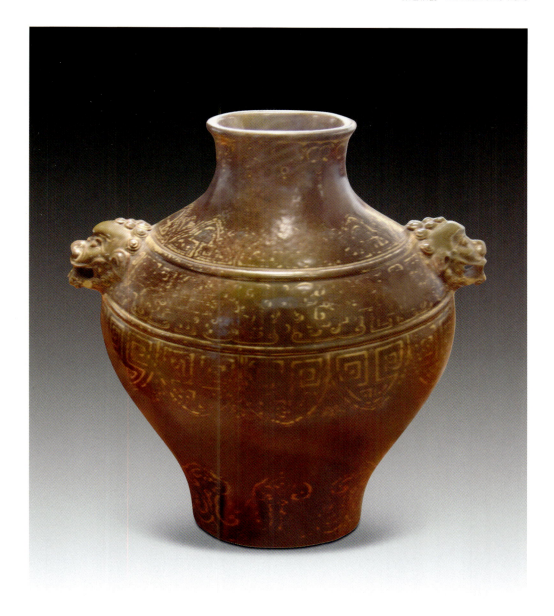

**仿古铜彩釉
描金 狮耳尊**

清 乾隆
吉美博物馆藏

148

■ 仿古铜彩釉是乾隆年间烧造的一种紫金釉。其工艺是在酱色地上抹金、描金而成，是当时比较独特的一种工艺品种。

■ 底有朱文印篆书"大清乾隆年制"款。

皂石釉 洗

清 早期（公元 17 世纪）
大英博物馆藏

149

■ 明清时期，瓷器釉色已经可以模仿各种工艺效果和材质肌理，皂石釉就是一种仿石纹釉。清朱琰在《陶说》中评论道："戗金、镂银、琢石、髹漆、螺钿、竹木、匏蠡诸作，无不以陶为之，仿效而肖。"

仿木纹釉 珐琅彩 碗

清 中期（公元 18 世纪）
大英博物馆藏

150

■ 仿木纹釉是事先在生胎上用釉色画出木纹及疤结的纹理，上窑烧制即成。

仿朱漆釉 菊瓣式茶碗（缺盖）

清 乾隆
大卫基金会藏

151

■ 清代的仿漆器釉，不仅可以仿单色漆，还可以仿雕漆、描金漆、螺钿镶嵌漆、竹编涂漆等质地和纹理效果。

■ 这只碗是乾隆皇帝的心爱之物，上有乾隆题诗。

金釉　碗

清
大卫基金会藏

152

■ 金釉是康熙年间始烧的一种釉色。在高温烧制的素釉上涂一层调制好的金粉，再入窑低温烧制即成。金釉瓷器金光闪闪、富丽堂皇，沉甸甸的分量，恰似纯金器物。

金釉　卧牛瓷塑

清
大卫基金会藏

153

银釉 印花 三足鼎形炉

清
大卫基金会藏

154

■ 银釉瓷器的制作过程与金釉瓷器一样，只是使用的
是银粉而已。

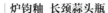

炉钧釉 长颈蒜头瓶

155

清 雍正
V&A 博物馆藏

■ 炉钧釉是雍正年间创烧的一种窑变釉。先以高温烧成素胎，再涂以各种釉料入小炉二次低温烧造。因釉料中混入铜、铁、钴、锰、矾红、铅等多种金属物，烧制时相互熔融，自然流淌，形成彩色缤纷、美丽天成的肌理。有的似山岚云气，有的如卵石铺地，妖娆动人，奇妙异常。

**炉钧釉
仿青铜瓠形瓶（一对之一）**

156

清 晚期（公元 19 世纪）
大英博物馆藏

鸲蛋釉
桃形盖盒

157　清 中期（公元 18–19 世纪）
大英博物馆藏

■ 鸲蛋釉是炉钧釉的一种。
"鸲（qú）"是一种长尾尖嘴
的小鸟。鸲蛋釉上的大小圆
圈如同鸲蛋铺散，趣味无穷。

鸲蛋釉 梅瓶

158　清
大英博物馆藏

六、黑褐釉瓷

1. 历史悠久的黑褐釉瓷

本书介绍的颜色釉瓷，重点是明清时期景德镇窑的各个品种。每个品种在追溯其烧造渊源时，大多有一段可以讲述的历史。在这诸多的颜色釉瓷中，历史最早的是青瓷和白瓷。这两种瓷器本身有各自庞大的体系，我们已经分别在《青瓷》和《白瓷》两本书中专门介绍了，这本书就没有再提及。在本书所谈及的颜色釉瓷中，历史最久远的当属黑釉瓷和褐釉瓷了。

东汉时期，人们在烧造青瓷时，不慎将呈色剂氧化铁加多了，结果烧出来的瓷器变成酱褐色和黑褐色。这一意外事故，反倒增加了瓷器的品种，此后，人们便正式开始烧造黑釉瓷和褐釉瓷。

青瓷和黑褐釉瓷都需在1200℃以上高温中烧制，呈色剂都是铁。青瓷呈色剂中铁的含量为3%，黑褐釉瓷呈色剂中铁的含量为4%—9%。黑褐釉瓷的成熟期在两晋时期，此后的一两千年中，黑褐釉瓷的烧造就从来没有间断过。但是，在中国人的审美习惯中，黑色并不那么讨人喜欢，所以，黑褐釉瓷一直很难进入主流瓷器的行列。这并不是说黑褐釉瓷没有高品位的质量，像宋代定窑的"黑定"、建窑的"兔毫盏"以及明清时期景德镇窑的"镜黑"等，在中国瓷器史上都属于佼佼者。其古朴庄重的形制与乌黑油亮的釉色令人倾倒。在饮茶、斗茶之风盛行的宋代，黑褐釉瓷也曾风光一时。当然，由于一般黑褐釉瓷烧造工艺相对简单，原材料质量要求不高，烧造黑褐釉瓷的窑场星罗棋布，因此，烧造的大量黑褐釉瓷都属于民间的日用瓷器。

下面我们想重点介绍一下历史上几个烧造黑褐釉瓷的主要窑口。

黑釉 炻器
涩胎弦纹 杯

159

北朝
北方窑
吉美博物馆藏

黑釉 炻器
龙柄执壶

160

初唐
河南窑
吉美博物馆藏

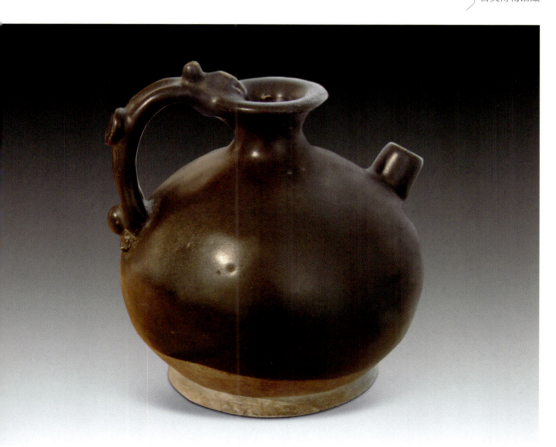

黑釉 炻器
窑变斑纹（花瓷）盘

161

唐（公元 9 世纪）
鲁山窑
大英博物馆藏

■ 鲁山窑位于河南省鲁山县，故名。始烧于唐代，断烧于元。以烧制花釉瓷、白瓷和三彩器为主。胎质较粗，胎色为浅灰褐色。唐代著名的鲁山花瓷，是在黑褐釉上饰以月白或灰白磷酸斑点，形成好似白云、浪花、树叶等抽象图形，自然生动、趣味盎然。鲁山窑是宋代"五大名窑"之一钧窑的前身。

黑釉 炻器 棕斑 碗

162

北宋（公元 11–12 世纪）
定窑
大英博物馆藏

■ 宋朝大量的黑瓷中，以定窑为最，是因为其醒目的造型和精致的工艺，并且以洁白色胎体区别于其他瓷器。

2. 黑褐釉瓷的重点窑口

定窑

北宋时期，上层社会饮茶与斗茶之风盛行。沏茶时，将茶饼碾成细末后放入茶盏中，以沸水点注，水面即浮起一层白沫。斗茶之法，先观其沫色和汤色，再闻其香，品其味，以品评高低，茶沫以清白胜黄白。用黑盏盛茶，便于观察白色茶沫。蔡襄在《茶录·茶器》中说："茶色白，宜黑盏……其青白盏，斗试自不用。"以宋徽宗赵佶为首的君臣斗茶之风席卷朝野。赵佶在《大观茶论》中说："天下之士励志清白，竞为闲暇修索之玩，莫不碎玉锵金。啜英咀华，较筐箧之精，争鉴裁之别。"这一风尚，极大地促进了黑釉瓷生产的兴盛和繁荣。

定窑是宋代生产黑褐釉瓷的主要窑口之一。定窑位于河北省曲阳县涧磁村，人称"曲阳窑"，由于曲阳当时隶属定州，所以也被称作"定窑"。定窑创烧于唐代，停烧于元代初年，在宋代是"五大名窑"之一，虽以出产白瓷著称于世，但其黑褐釉瓷在当时也是闻名遐迩。

定窑拥有优良的胎土资源和先进的生产工艺。定窑生产的黑釉瓷人称"黑定"或"墨定"，胎质细腻洁白，胎体坚实轻薄，釉色如漆似脂，器型美观奇巧。明代曹昭在《格古要论》中评价道："有紫定色紫，墨定色黑如漆，光可鉴人，土俱白，其价高于白定。"目前，国内国外的许多著名博物馆内，都有定窑黑褐釉瓷精品的收藏。

建窑

建窑是建阳窑的简称。建窑位于福建省建阳市水吉镇的芦花坪、大路后山、牛皮仑、营长乾等地。五代末始烧，南宋达到鼎盛，明初停烧。建窑是中国诸多窑口中黑褐釉瓷烧造得较好的窑口之一。建窑的辉煌，正是顺应了宋代从皇帝到地方百官斗茶之风日盛的大环境。建窑的黑褐釉茶盏最为著名，常称之为"建盏"。建盏胎土含砂量较高，胎体厚重，胎质粗糙而坚硬，多含细微气孔。这些特征并非失之材质低劣或粗制滥造，而恰恰是为了适应斗茶时茶盏需要长时间保温的要求，特意配料和精心制作的。北宋礼部侍郎蔡襄在《茶录》中称"凡欲点茶，先须盏，盏令热，冷则茶不浮。兔毫（建盏）坯厚，久热，用之适宜。"可见建窑瓷器在当时是备受欢迎的。

建窑生产的黑褐釉瓷，后人称为"黑建"、"紫建"或"乌泥建"。这些瓷器被僧人带到日本，日本称之为"天目瓷"。建窑黑褐釉瓷不仅胎质具有特点，釉色品种也是丰富多彩。除了纯黑釉以外，还有由窑变产生的自然结晶釉，如：兔毫釉、油滴釉（鹧鸪斑）、曜变釉、结晶冰花纹釉、开片纹釉、酱褐釉等。

兔毫釉是宋代黑釉茶盏中最有特色也最为流行的品种，许多窑口都有这种釉瓷出品，但最著名的还属建窑兔毫盏。兔毫纹理的形成，是因为釉质在1300℃以上高温中铁微粒析出，随釉层流动产生一根根细长如兔毫状的条纹。根据釉面纹理和色彩的不同，建窑兔毫盏又有金兔毫、银兔毫、黄兔毫、蓝兔毫、灰兔毫之分。苏东坡《送南屏谦师》诗云："道人绕出南屏山，来试点茶三昧手。勿惊午盏兔毛斑，打出春瓮鹅儿酒。"

吉州窑

吉州窑位于江西省吉安县永和镇境内，吉安曾归吉州辖，故称"吉州窑"或"永和窑"。永和镇古时曾是东昌县县城的所在地，故又称"东昌窑"。吉州窑创烧于晚唐，盛于南宋，至元末停烧。吉州窑周围缺乏优质瓷土资源，但吉州窑在产品中突出浓郁的地方特色，发挥釉色变化和装饰制作的优势，于陶瓷行业中独树一帜。

吉州窑"重釉不重胎"，其烧造的瓷器釉色有青釉、黑釉、酱褐釉、乳白釉、绿釉等，种类繁多，其中黑褐釉瓷在宋代十分有影响。

褐釉 炻器
白边印花缠枝纹 碗

163

北宋（公元 11–12 世纪）
山西窑
大英博物馆藏

■ 这种印花图案常见于陕西耀州窑青瓷，同类的棕色釉是在山西省介休窑发现的。

黑釉 炻器 兔毫纹 盏

164

宋
建窑
吉美博物馆藏

■ 这种瓷器又称"兔毫盏"，在佛寺里非常流行，并被云游僧人带到日本，在日本被称为"天目釉"而备受推崇。

在釉色装饰上，窑变釉有玳瑁釉、铁锈斑釉、兔毫釉等；手工装饰有剪纸贴花、木叶贴花及黑釉彩绘等，都极富特色。值得一提的是剪纸贴花和木叶贴花工艺，它们是吉州窑黑褐釉装饰最具代表性的品种。

剪纸贴花制作过程是：先将所需图案的剪纸贴于未干的黑釉上，再罩上一层薄薄的透明釉，经高温烧制，图案剪纸清晰地熔于釉中，似画非画，奇妙无比。这也是民间剪纸艺术与陶瓷装饰的完美结合。

木叶贴花制作过程是：将树叶经碱水处理后制成叶脉标本，施一层透明釉，再把树叶贴在刚施过黑釉的胎体上，经高温烧制后，叶梗及叶脉凸于釉面，清晰可辨，富有立体逼真、自然野趣的效果。

景德镇窑

明清时期，景德镇窑是中国最大的窑系，景德镇被称为"瓷都"。这里烧制着瓷器几乎所有的品种，黑釉瓷自然也不会漏掉。

景德镇窑黑釉瓷的质量，是历代任何一个黑釉瓷品种都无法与之相比的。首先是胎质。历代所有黑褐釉瓷几乎都是炻器（介于陶与瓷之间的胎质，在本系列《青瓷》《白瓷》两本书中均有介绍。），除了定窑外，一般胎土都较粗糙，多含杂质，胎色不白。而景德镇窑胎土匀细、洁白、纯净，烧成后是瓷器；其次是釉质。一般黑釉瓷是用含铁量较高的普通黏土（氧化铁含量为 3.9%–10%）作制釉原料，成本低，制作工艺也相对简单，因而釉色达不到"黑如漆、亮如镜"的高级境界。而景德镇窑则用一种含铁量高达 13.4% 的乌金土制釉，釉中除了含铁质以外，还含有锰和钴的成分，烧成的釉色黑如乌金，亮如明镜，所以将之称为"乌金釉"或"镜黑釉"。镜黑釉瓷以其精美细腻的釉彩，高贵典雅的气质，堪与任何品种的瓷器比高下。

景德镇窑的镜黑釉瓷创烧于明成化年间，但目前没有实物存世。清康熙时期开始大量烧制，质量高，品种也比较多。

黑釉 炻器
兔毫纹 盏

165

宋
建窑
吉美博物馆藏

褐柿釉
炻器 盏

166

北宋或金
定窑
吉美博物馆藏

黑釉
炻器 油滴斑纹 盏

167

北宋或金
河南窑
吉美博物馆藏

黑釉 炻器 铁锈斑纹 盏

168

北宋或金
北方窑
吉美博物馆藏

■ 铁锈斑纹是黑釉瓷中著名的品种。制作时，在黑釉上洒进高铁质釉料，经窑变而形成条状或块状棕色斑纹，自然而又富于动感。

黑釉 炻器 长颈瓶

169 金
北方窑
吉美博物馆藏

**褐釉 炻器
黑筋白条纹 小罐**

170 金
北方窑
大英博物馆藏

■ 有铁锈斑或白线纹装
饰的黑釉器皿出自众
多北方窑口，特别是山
东、河南、山西、陕
西等地窑口多生产这
种瓷器。

黑釉 炻器
剔花鱼纹 广腹梅瓶

171　金
磁州窑
V&A 博物馆藏

■ 磁州窑位于河北省磁县的观台镇与彭城镇一带，因磁县宋代属磁州，故名。北宋中期创烧，并很快进入成熟期，成为北方较大的一座民窑。以烧制白釉黑花和黑釉瓷著称。

黑釉 炻器 油滴斑纹
（鹧鸪斑纹）盏

172　金
怀仁窑
吉美博物馆藏

■ 怀仁窑位于山西省怀仁县，故名。据《大明一统志》载："锦屏山在怀仁县西南二十五里，山旧有瓷窑。"目前发现有小峪、张瓦沟、吴家窑三处遗址。怀仁窑始烧于金代，明代后断烧。以烧制黑釉瓷为主，器形古朴豪放，釉面乌黑晶莹，具有雁北地域特色。

■ 黑釉器在烧制过程中，呈色剂氧化铁发生分解，生成气泡，随着温度的升高，气泡爆裂，富含水量的铁熔质升至釉面析出结晶体，即形成大小不一、富有金属光泽的油滴状斑点，色泽呈金色或银白色，在黑色釉面上呈现酷似鹧鸪胸前羽毛的斑纹，故称之为"鹧鸪斑"，也称"油滴斑"。

黑釉 炻器
铁锈斑纹 丰肩梅瓶

173

金
北方窑
吉美博物馆藏

褐釉 炻器
剪纸漏花纹 盏

174

南宋
吉州窑
吉美博物馆藏

玳瑁釉 炻器 盏

175

南宋
吉州窑
大卫基金会藏

■ 吉州窑在模仿北方窑烧制铁锈斑釉时，因用料不同，涂抹的是酱黄色釉，烧成后的效果似玳瑁斑，故称"玳瑁釉"，条纹长的则称"虎皮釉"。

黑釉 炻器 贴木叶纹 茶碗

176

南宋（公元 12–13 世纪）
吉州窑
大英博物馆藏

黑釉 炻器
荷塘鸭戏纹 瓶

177 | 南宋或元
吉州窑
大英博物馆藏

■ 这是一种黑釉画
白彩器。

黑釉 炻器
洒彩豹纹 三足香炉

178 | 元
吉州窑
大英博物馆藏

■ 这是一种洒彩器。
在黑色底釉上，用笔
蘸色釉恣意点画泼洒，
经炉火焙烧后，上下
釉色相互交融，不见
笔痕，形成抽象图案，
趣味无穷。

**镜黑釉
蒜头口长颈瓶**

179

清 乾隆
景德镇窑
V&A 博物馆藏

■ 这种光素镜黑釉
瓷器目前存世极少，
另有黑地白花和黑
地描金品种存世。

**镜黑釉
描金 锥把瓶**

180

清
景德镇窑
V&A 博物馆藏

■ 黑地描金器是镜黑釉
瓷中比较名贵的品种。

后 记

近些年来，在我国掀起的工艺品收藏热方兴未艾。俗话说"盛世收藏"，这也从一个侧面反映出了我国国泰民安、经济繁荣的大好景象。中华五千年的历史和文化从未间断过，这在全世界是唯一的；全程见证五千年历史的中国工艺美术品，其形式和材料的多样化，制作的精美程度，在全世界也是首屈一指的。目前，许多出版物及互联网，对国内现存的工艺美术精品，从不同角度、不同层面分别进行了详细的介绍和精辟的研究。但是，大量流传在海外的中国工艺品在国内介绍的相对较少，我们出版这套《海外珍藏中华瑰宝》系列图书的目的，也正是为了填补这一空白。

收藏工艺品，并非只是为了保值、增值，更主要的还是为了陶冶情操，开拓知识面，提高艺术修养。正是基于这一点，我们在该书的叙述文字及图片说明中，除了对这些工艺品的材料、器型、纹饰、色彩等主要特征及制作工艺、辨伪技巧加以介绍外，还对这些器物产生的历史背景和时代特征予以阐述，同时结合纹饰的内容和形式，介绍有关的历史典故和民俗传统；对这些艺术品在艺术风格上所形成的流、派及发展和衍变过程，它们在美学上所产生的影响，近年国内外拍卖市场的行情等，也都作了不同程度的说明。由于这些藏品现存于海外，我们也特意介绍了中国工艺品在西方是如何受到狂热的追捧，及它们对西方艺术品制作所产生的影响；我们还介绍了西方学者在研究中国工艺品方面所取得的学术成就等。

根据我们了解的情况，这些在国际上影响较大的博物馆，对藏品的征集和研究是严肃认真的，鉴定是细致和科学的。我们把一些图片与北京故宫博物院等国内著名博物馆的同类藏品进行了比对，彼此的鉴定结论基本是一致的。书中所载的图片，除了极少数的附图外，绝大部分都是实物拍摄，因此，器物色彩还原比较真实。这样，对收藏爱好者和研究者准确地了解这些艺术品的原貌，提供了较为可靠的依据。由于本书作者的学识水平有限，书中难免存在谬误，不当之处，欢迎读者批评指正；对书中某些观点有不同看法，对某些藏品的真伪表示质疑，也欢迎读者提出来讨论。

我们本次出版的"瓷器卷"和"杂宝卷"，图片主要来自欧洲收藏中国工艺品最多的英国、法国，以及西班牙的几个世界级的大博物馆。随后，我们把其他国家收藏的中国工艺美术精品搜集、整理，也将陆续编辑出版。

本系列图书在作品的翻拍过程中，得到了大英博物馆、吉美国立亚洲艺术博物馆、大卫中国艺术基金会、维多利亚和阿尔伯特博物馆、赛努奇博物馆、西班牙国家装饰艺术博物馆、卡纳克·杰美术馆等机构的大力协助；在编辑、出版方面，受到北京工艺美术出版社陈高潮社长的热情关注和大力支持，在此，一并表示衷心地感谢！

作者

2010 年 10 月